한글 세대를 위한 독송용

일반법회

법륜불자교수회 공인 독송용 경전 ❾

한글 세대를 위한 독송용

일반법회

[一般法會 — 무비 스님 · 조현춘 공역]

운주사

편역자 서문

'사람은 어떻게 살아야 하는가?'

이 질문은 인간이 그 역사를 시작하면서부터 품어온 인간존재에 대한 본질적인 문제일 것입니다. 이것은 매우 어려운 문제지만 그러나 쉽게 대답할 수 있는 말은 '사람으로서 가장 사람답게 사는 일'이라고 할 수 있을 것입니다. 그렇습니다. 사람인 이상 무엇보다도 중요하며 우선해야 할 일이 있다면 그것은 사람으로서 가장 사람답게 사는 일입니다.

그렇다면 어떻게 사는 것이 사람으로서 가장 사람답게 사는 일이겠습니까? 그 문제에 대한 올바른 길을 제시하기 위해서 그 동안 수많은 현철들이 세상에 오시어 많은 가르침들을 남겨 놓았습니다. 불교 역시 사람이 사는 올바른 길을 위한 팔만 사천의 가르침을 제시하고 있습니다.

기계 문명의 발달로 인하여 물질을 누리는 삶은 눈부시게 풍요롭고 편리하게 되었으나 '사람으로서 진정 사람답게 사는 것이 무엇인가'라는 문제에서는 실로 그 의문이 적지 않습니다. 이번에 중요 불교 경전을 공역한 대심거사 조현춘 교수님은 심리학을 연구하여 후학들을 가르치는 한편, 행복훈련원을 세워 많은 사람들에게 행복의 길을 안내하는 참으로 소중한 일을 하시는 분입니다.

더구나 근래에는 부처님의 가르침에 심취하여 '화엄경과 화이트헤드'를 공부하는 모임을 지도하고 있습니다. 이 모임을 통해 부처님의 진리 즉 '사람이 어떻게 하면 진정 사람답게 사는가?'라는 문제의 해답을 한글세대들의 언어로 제시하고 있습니다. 지금까지 한글다운 한글로 "한글세대를 위한 독송용 불경 시리즈"를 계속 출간하고 있으며, 지금은 한글 법요집, 42장경, 원각경, 약사경, 입법계품, 화엄경 등을 준비하고 있습니다.

모쪼록 참 진리인 부처님 말씀을 읽고, 그 인연공덕으로 삶의 의미를 깨닫게 되기를 바랍니다.

여천 무비(如天 無比)

일반법회 차례

편역자 서문 5

1. 【개회 선언】 9
2. 【신행수칙】 9
3. 【집회가】 10
4. 【삼귀의】 11
5. 【찬양합시다】 12
6. 【예경】 13
7. 【백팔참회】 18
8. 【천수경】 54
9. 【소의경전 등 경전 독송】 77
10. 【청법가】 77
11. 【입정】 78
12. 【설법】 78

13.【정근】	79
14.【발원문】	87
15.【불교 아리랑 등 찬불가】	93
16.【사홍서원】	98
17.【신중단 예경】	99
18.【공지사항】	106
19.【산회가】	106
용어해설	108
편역자 발문	117

일러두기

1. 한글다운 한글로 번역하였습니다.
2. 간단한 설명은 각주로, 긴 설명은 용어해설로 제시하였습니다.
3. 【 】안의 내용은 통상 독송하지 않습니다.
4. 여러 법요집을 참고하여 무난하게 꾸몄습니다.
5. 일반법회는 정기, 탄신, 출가, 성도, 열반, 우란분절, 신년, 송년, 창립 법회 등 거의 모든 법회를 통칭합니다. 합격기도, 천재지변, 환영, 환송, 군 입대, 제대, 승진, 취업 등은 개회선언 및 발원문에서 추가하시면 됩니다. 매일법회(새벽예불, 사시불공, 저녁예불)나 특별법회(수계 법회, 포살법회 등), 불교의식 등은 따로 준비하겠습니다.

1. 【개회 선언】

2. 【신행수칙】

1) 오계,[1] 육바라밀,[2] 사홍서원 등 부처님의 가르침을 믿고 이 목숨이 다하도록 지키겠습니다.
2) 매일 아침과 저녁에 예불을 하며 매월(매주) 법회에 참석하겠습니다.
3) 항상 부처님의 가르침을 이웃에 전하여 모두 부처님 세계에 들도록

---

1) 오계(五戒) : 오계는 다섯 가지 금계를 말합니다.
2) 육바라밀(六波羅蜜) : 가장 중요한 여섯 가지 선행. 즉 보시, 지계, 인욕, 정진, 선정, 지혜를 말합니다.

하겠습니다.

3. 【집회가】

우리는 성전에 모두 모였네. 대자비 대광명이 충만하신 곳, 거룩하신 부처님의 진리를 배워 무상보리[3] 이루어서 생사 면하고, 가없는 중생을[4] 제도하고자 성스러운 불회상에[5] 같이 모였네.

---

3) 무상보리(無上菩提) : 최고의 바른 깨달음을 말합니다.
4) 중생(衆生) : 육도(하늘, 인간, 아수라, 축생, 아귀, 지옥)를 윤회하는 생명체를 총칭하는 말입니다.
5) 불회상(佛會上) : 부처님을 모시고 법회를 보는 곳이라는 말입니다.

우리는 불전에 모두 모였네. 대원력6) 대보살이7) 웃음 짓는 곳, 장하옵신 보살님의 원력을 따라 무상불도8) 이루어서 고해 면하고, 수많은 중생을 인도하고자 존엄하신 불도량에9) 같이 모였네.

4. 【삼귀의】

거룩한 부처님께 귀의합니다.

---

6) 대원력(大願力) : 모든 중생들을 모두 구제하겠다는 매우 고귀한 발원의 힘을 말합니다.
7) 보살(菩薩) : 범어 '보리 살으바'의 준말입니다. 최고의 바른 깨달음을 이루려는 마음을 낸 사람을 말합니다.
8) 무상불도(無上佛道) : 최고의 바른 깨달음을 말합니다.
9) 도량(道場) : 도를 닦는 장소를 말합니다. 일반적으로 절을 의미합니다.

거룩한 가르침에 귀의합니다.
거룩한 제자들께[10] 귀의합니다.

5. 【찬양합시다】

둥글고 또한 밝은 빛은 우주를 싸고, 고르고 다시 넓은 덕은 만물을 길러, 억만겁토록 변함없는 부처님 전에 한마음 함께 기울여서 찬양합시다.

---

10) 제자들 : 전통적으로 '스님들'이라고 했는데, 제자들이라고 번역하였습니다. 부처님의 제자 사부대중을 말합니다.

저 모든 하늘 가운데서 가장 높고, 이 넓은 세상 만유 중에 제일 귀하사, 지혜와 복덕 구족하신 부처님 전에 한마음 함께 기울여서 찬양합시다.

6. 【예경】 11)
【다섯 향을 올리는 게송】

바른 행동의 향기, 맑은 마음의 향기, 밝은 지혜의 향기, 참된 해탈의 향기, 해탈 지견의 향기를 올립니

---
11) 예경(禮敬) : 예배 공경의 준말입니다.

다. 온 법계에 가득한 광명의 구름 향기를 올립니다. 온 누리의 한량없이 많은 부처님과 가르침과 제자들께 올립니다.

향을 올리는 진언
옴 바아라 도비야 훔[12] (세번)

지극한 마음으로 따르겠습니다.
- 三界의[13] 스승이시고 사생의[14]

---

12) '윤회업을 빠짐없이 모두 없애고, 저 언덕에 어서 빨리 도달하기를 간절하게 기원하며 향 올립니다'라는 의미입니다.
13) 삼계(三界) : 욕계·색계·무색계를 말합니다.
14) 사생(四生) : 출생 방식에 따라서 모든 생명체를 네 부류로 구분합니다.

자비로운 어버이시며 저의 가장 큰 스승이신 석가모니 부처님을 항상 지극한 마음으로 따르겠습니다.

● 시방15) 삼세16) 온 누리에 계시는 많고 많은 부처님들을 항상 지극한 마음으로 따르겠습니다.

● 시방 삼세 온 누리에 계시는 많고 많은 부처님의 가르침들을 항상 지극한 마음으로 따르겠습니다.

---

15) 시방(十方) : 동·남·서·북·북동·남동·남서·북서·하방·상방을 말합니다. 사방, 오방, 육방, 팔방, 시방은 구분하여 사용하기도 하지만, 모든 방향이라는 동의어로 사용하는 경우가 많습니다.
16) 삼세(三世) : 과거·현재·미래를 말합니다.

- 큰 지혜의 문수 보살님, 큰 행원의 보현 보살님, 대비심의[17] 관세음 보살님,[18] 큰 발원의[19] 지장 보살님을 항상 지극한 마음으로 따르겠습니다.
- 영취산에서 부처님의 가르침을 받았던 십대제자,[20] 십육성현, 오백성현, 독수성현,[21] 천이백 아라한을 위시한 한량없이 많은

---

17) 대비심(大悲心) : 중생들의 고통을 나의 고통으로 공감하고 안타까워함이 매우 큰 마음을 말합니다.
18) 관세음보살(觀世音菩薩) : 관자재 보살, 관음 보살이라고도 합니다. 대비심의 상징입니다.
19) 발원(發願) : 극락세계를 건설하여 중생을 구제하려고 하거나, 착한 일을 하려는 마음을 일으키는 것을 말합니다.
20) 십대제자(十大弟子) : 부처님의 가장 대표적인 열 분의 제자를 말합니다.
21) 독수성현(獨修聖賢) : 특별한 스승이 없이 혼자서 수행하여 성현의 경지에 이른 분을 말합니다.

자비로운 성현님들을 항상 지극한 마음으로 따르겠습니다.

• 인도에서 동쪽으로 한국에까지 가르침의 등불을 이어오신 큰 조사 스님들과[22] 천하의 종사 스님들과[23] 많은 선지식들을[24] 항상 지극한 마음으로 따르겠습니다.

• 시방 삼세 온 누리에 계시는 많고 많은 부처님의 제자들을 항상 지극한 마음으로 따르겠습니다.

---

22) 조사(祖師) : 후세 사람들의 귀의와 존경을 받는 큰스님을 말합니다.
23) 종사(宗師) : 부처님의 정법을 전하여 다른 사람에게 존경을 받는 사람, 혹은 선종을 전하는 스님을 말합니다.
24) 선지식(善知識) : 부처님의 법을 전하는 사람을 말합니다.

- 간절히 바라옵나이다. 대자대비하신 삼보시여![25] 저의 절을 받으시고 한량없이 큰 가피를 내려 주시옵소서. 저와 모든 중생들이 모두 부처를 이루도록 하여 주시옵소서. 간절히 간절히 바라옵나이다.

7. 【백팔참회】

01 대자대비 저희들을 보살펴주고

---

25) 삼보(三寶) : 부처님, 부처님의 법, 부처님을 따르는 대중을 통틀어 말합니다. 통상 불법승이라고 합니다.

대희대사[26] 가르침을 베풀어주신
거룩하신 석가모니 부처님전에
온마음과 온몸으로 예경합니다.

02 절은오직 절연습을 하는곳이라
참된진리 요약해서 가르치시어
모든중생 빠짐없이 성불시키는
금강상사[27] 일심으로 예경합니다.

03 지혜복덕 구족하신 부처님들과
탐진치를[28] 없애주는 가르침들과
성현중의 성현이신 제자님들께
온마음과 온몸으로 예경합니다.

---

26) 대희대사(大喜大捨) : 매우 고마워하고 탐진치를 완전히 버리는 것을 말합니다.
27) 금강상사(金剛上士) : 다이아몬드 중의 다이아몬드와 같은 분, 즉 부처님을 말합니다.
28) 탐진치(貪瞋痴) : 탐욕, 분노, 어리석음을 말합니다.

04 제가지금 발심하여 예경하는건
　 제스스로 복얻거나 천상나거나
　 성문연각[29]보살지위 구함아니오
　 일심으로 최상승에 의지하여서
　 최고바른 깨달음을 이룬연후에
　 시방세계 모든중생 빠뜨리잖고
　 깨달음을 이루도록 함이옵니다.

05 과거세상 악행하여 지은죄를
　 지금바로 지극-한 마음으로
　 참회합니다.[30]

06 과거세상 선행않아 지은죄를

---

29) 연각(緣覺) : 인연법으로 깨달음을 얻는 것, 또는 그렇게 깨달음을 얻은 사람을 말합니다.
　　성문(聲聞) : 부처님께 직접 설법을 들었던 제자를 말하며 성문제자라고도 합니다.
30) 05에서 07까지의 세 가지는 불교의 정의와 관련 있는 내용입니다.

지금바로 지극-한 마음으로
참회합니다.

07 과거세상 깨끗잖아 지은죄를
지금바로 지극-한 마음으로
참회합니다.

08 과거세상 살생하여 지은중죄
지금바로 지극-한 마음으로
참회합니다.[31]

09 과거세상 도둑질해 지은중죄
지금바로 지극-한 마음으로
참회합니다.

10 과거세상 사음하여 지은중죄[32]

---
[31] 08에서 17까지는 열 가지 중죄(십악)와 관련 있는 내용입니다.

지금바로 지극-한 마음으로
　　　참회합니다.

11　과거세상 거짓말해 지은중죄
　　　지금바로 지극-한 마음으로
　　　참회합니다.

12　과거세상 발린말해 지은중죄[33]
　　　지금바로 지극-한 마음으로
　　　참회합니다.

13　과거세상 이간질해 지은중죄
　　　지금바로 지극-한 마음으로
　　　참회합니다.

---

32) 사음(邪淫) : 정당하지 않는 모든 음행을 사음이라고 합니다.
33) 발린말 : 진실하지 않고 포장된 말입니다.

14 과거세상 욕설하여 지은중죄
   지금바로 지극-한 마음으로
   참회합니다.

15 과거세상 탐욕부려 지은중죄
   지금바로 지극-한 마음으로
   참회합니다.

16 과거세상 화를내어 지은중죄
   지금바로 지극-한 마음으로
   참회합니다.

17 과거세상 어리석어 지은중죄
   지금바로 지극-한 마음으로
   참회합니다.

18 과거세상 보시하지 아니하여
　　지은죄를 지금바로 지극―한
　　마음으로 참회합니다.[34]

19 과거세상 지계하지 아니하여[35]
　　지은죄를 지금바로 지극―한
　　마음으로 참회합니다.

20 과거세상 인욕하지 아니하여[36]
　　지은죄를 지금바로 지극―한
　　마음으로 참회합니다.

21 과거세상 정진하지 아니하여[37]

---

34) 18에서 23까지는 육바라밀과 관련 있는 내용입니다.
35) 지계(持戒) : 계율을 지키는 것을 말합니다.
36) 인욕(忍辱) : 일반적으로 당연히 화를 내는 상황에서 화를 내지 않는 것을 말합니다.
37) 정진(精進) : 열심히 수행한다는 말입니다.

지은죄를 지금바로 지극 – 한 마음으로 참회합니다.

22 과거세상 선정하지 아니하여 지은죄를 지금바로 지극 – 한 마음으로 참회합니다.

23 과거세상 지혜롭지 아니하여 지은죄를 지금바로 지극 – 한 마음으로 참회합니다.

24 과거세상 중생구제 아니하여 지은죄를 지금바로 지극 – 한 마음으로 참회합니다.[38]

25 과거세상 번뇌제거 아니하여

---

38) 24에서 27까지는 네 가지 큰 발원(사홍서원)과 관련 있는 내용입니다.

지은죄를 지금바로 지극-한 마음으로 참회합니다.

26 과거세상 법문공부 아니하여 지은죄를 지금바로 지극-한 마음으로 참회합니다.

27 과거세상 불도닦지 아니하여 지은죄를 지금바로 지극-한 마음으로 참회합니다.

28 과거세상 아버님의 크신은혜 소홀히해 지은죄를 지금바로 지극-한 마음으로 참회합니다.[39]

29 과거세상 어머님의 크신은혜

---

[39] 28에서 31까지는 네 가지 큰 은혜와 관련 있는 내용입니다.

소홀히해 지은죄를 지금바로

지극-한 마음으로 참회합니다.

30 과거세상 부처님의 크신은혜

소홀히해 지은죄를 지금바로

지극-한 마음으로 참회합니다.

31 과거세상 스승님의 크신은혜

소홀히해 지은죄를 지금바로

지극-한 마음으로 참회합니다.

32 과거세상 남의기쁨 공감하지

아니하여 지은죄를 지금바로

지극-한 마음으로 참회합니다.[40]

33 과거세상 남의슬픔 공감하지

---

40) 32에서 35까지는 네 가지 많을수록 좋은 마음(사무량심)과 관련 있는 내용입니다.

아니하여 지은죄를 지금바로
지극―한 마음으로 참회합니다.

34 과거세상 모든일에 감사하지
아니하여 지은죄를 지금바로
지극―한 마음으로 참회합니다.

35 과거세상 탐욕성냄 벗어놓지
아니하여 지은죄를 지금바로
지극―한 마음으로 참회합니다.

36 현재세상 악행하여 짓는죄를
지금바로 지극―한 마음으로
참회합니다.[41]

37 현재세상 선행않아 짓는죄를

---

[41] 36에서 66까지는 앞의 내용과 같으며 시제만 현재로 바뀌었습니다.

지금바로 지극-한 마음으로
참회합니다.

38 현재세상 깨끗잖아 짓는죄를
지금바로 지극-한 마음으로
참회합니다.

39 현재세상 살생하여 짓는중죄
지금바로 지극-한 마음으로
참회합니다.

40 현재세상 도둑질해 짓는중죄
지금바로 지극-한 마음으로
참회합니다.

41 현재세상 사음하여 짓는중죄

지금바로 지극-한 마음으로
참회합니다.

42 현재세상 거짓말해 짓는중죄
지금바로 지극-한 마음으로
참회합니다.

43 현재세상 발린말해 짓는중죄
지금바로 지극-한 마음으로
참회합니다.

44 현재세상 이간질해 짓는중죄
지금바로 지극-한 마음으로
참회합니다.

45 현재세상 욕설하여 짓는중죄

지금바로 지극-한 마음으로
참회합니다.

46 현재세상 탐욕부려 짓는중죄
지금바로 지극-한 마음으로
참회합니다.

47 현재세상 화를내어 짓는중죄
지금바로 지극-한 마음으로
참회합니다.

48 현재세상 어리석어 짓는중죄
지금바로 지극-한 마음으로
참회합니다.

49 현재세상 보시하지 아니하여

짓는죄를 지금바로 지극-한
마음으로 참회합니다.

50 현재세상 지계하지 아니하여
짓는죄를 지금바로 지극-한
마음으로 참회합니다.

51 현재세상 인욕하지 아니하여
짓는죄를 지금바로 지극-한
마음으로 참회합니다.

52 현재세상 정진하지 아니하여
짓는죄를 지금바로 지극-한
마음으로 참회합니다.

53 현재세상 선정하지 아니하여

짓는죄를 지금바로 지극한
마음으로 참회합니다.

54 현재세상 지혜롭지 아니하여
짓는죄를 지금바로 지극한
마음으로 참회합니다.

55 현재세상 중생구제 아니하여
짓는죄를 지금바로 지극한
마음으로 참회합니다.

56 현재세상 번뇌제거 아니하여
짓는죄를 지금바로 지극한
마음으로 참회합니다.

57 현재세상 법문공부 아니하여

짓는죄를 지금바로 지극-한
마음으로 참회합니다.

58 현재세상 불도닦지 아니하여
짓는죄를 지금바로 지극-한
마음으로 참회합니다.

59 현재세상 아버님의 크신은혜
소홀히해 짓는죄를 지금바로
지극-한 마음으로 참회합니다.

60 현재세상 어머님의 크신은혜
소홀히해 짓는죄를 지금바로
지극-한 마음으로 참회합니다.

61 현재세상 부처님의 크신은혜

소홀히해 짓는죄를 지금바로
　　　지극-한 마음으로 참회합니다.
62 현재세상 스승님의 크신은혜
　　　소홀히해 짓는죄를 지금바로
　　　지극-한 마음으로 참회합니다.
63 현재세상 남의기쁨 공감하지
　　　아니하여 짓는죄를 지금바로
　　　지극-한 마음으로 참회합니다.
64 현재세상 남의슬픔 공감하지
　　　아니하여 짓는죄를 지금바로
　　　지극-한 마음으로 참회합니다.
65 현재세상 모든일에 감사하지

아니하여 짓는죄를 지금바로
지극-한 마음으로 참회합니다.

66 현재세상 탐욕성냄 벗어놓지
아니하여 짓는죄를 지금바로
지극-한 마음으로 참회합니다.

67 미래세상 악행하여 지을죄를
지금바로 지극-한 마음으로
참회합니다.[42]

68 미래세상 선행않아 지을죄를
지금바로 지극-한 마음으로
참회합니다.

69 미래세상 깨끗잖아 지을죄를

---

[42] 67에서 97까지는 앞의 내용과 같으며 시제만 미래로 바뀌었습니다.

지금바로 지극-한 마음으로
참회합니다.

70 미래세상 살생하여 지을중죄
지금바로 지극-한 마음으로
참회합니다.

71 미래세상 도둑질해 지을중죄
지금바로 지극-한 마음으로
참회합니다.

72 미래세상 사음하여 지을중죄
지금바로 지극-한 마음으로
참회합니다.

73 미래세상 거짓말해 지을중죄

지금바로 지극-한 마음으로
참회합니다.

74 미래세상 발린말해 지을중죄
지금바로 지극-한 마음으로
참회합니다.

75 미래세상 이간질해 지을중죄
지금바로 지극-한 마음으로
참회합니다.

76 미래세상 욕설하여 지을중죄
지금바로 지극-한 마음으로
참회합니다.

77 미래세상 탐욕부려 지을중죄

지금바로 지극-한 마음으로
참회합니다.

78 미래세상 화를내어 지을중죄
지금바로 지극-한 마음으로
참회합니다.

79 미래세상 어리석어 지을중죄
지금바로 지극-한 마음으로
참회합니다.

80 미래세상 보시하지 아니하여
지을죄를 지금바로 지극-한
마음으로 참회합니다.

81 미래세상 지계하지 아니하여

지을죄를 지금바로 지극-한
마음으로 참회합니다.

82 미래세상 인욕하지 아니하여
지을죄를 지금바로 지극-한
마음으로 참회합니다.

83 미래세상 정진하지 아니하여
지을죄를 지금바로 지극-한
마음으로 참회합니다.

84 미래세상 선정하지 아니하여
지을죄를 지금바로 지극-한
마음으로 참회합니다.

85 미래세상 지혜롭지 아니하여

지을죄를 지금바로 지극-한
마음으로 참회합니다.

86 미래세상 중생구제 아니하여
지을죄를 지금바로 지극-한
마음으로 참회합니다.

87 미래세상 번뇌제거 아니하여
지을죄를 지금바로 지극-한
마음으로 참회합니다.

88 미래세상 법문공부 아니하여
지을죄를 지금바로 지극-한
마음으로 참회합니다.

89 미래세상 불도닦지 아니하여

지을죄를 지금바로 지극-한
마음으로 참회합니다.
90 미래세상 아버님의 크신은혜
소홀히해 지을죄를 지금바로
지극-한 마음으로 참회합니다.
91 미래세상 어머님의 크신은혜
소홀히해 지을죄를 지금바로
지극-한 마음으로 참회합니다.
92 미래세상 부처님의 크신은혜
소홀히해 지을죄를 지금바로
지극-한 마음으로 참회합니다.
93 미래세상 스승님의 크신은혜

소홀히해 지을죄를 지금바로
　　　지극-한 마음으로 참회합니다.
94　미래세상 남의기쁨 공감하지
　　　아니하여 지을죄를 지금바로
　　　지극-한 마음으로 참회합니다.
95　미래세상 남의슬픔 공감하지
　　　아니하여 지을죄를 지금바로
　　　지극-한 마음으로 참회합니다.
96　미래세상 모든일에 감사하지
　　　아니하여 지을죄를 지금바로
　　　지극-한 마음으로 참회합니다.
97　미래세상 탐욕성냄 벗어놓지

아니하여 지을죄를 지금바로
지극-한 마음으로 참회합니다.
98 시방세계 많고많은 부처님이여!
자비로써 저희들을 보살피소서!
한량없이 긴긴세월 내려오면서
이생에서 저생으로 윤회하면서
가지가지 지은죄가 한없습니다.
어떤때는 제혼자서 짓기도하고
어떤때는 남을시켜 짓게도하고,
어떤때는 남과함께 지었습니다.
부처님의 전탑에서 갖가지재물
어떤때는 제혼자서 갖기도하고

어떤때는 남을시켜 갖게도하고,
어떤때는 남과함께 가졌습니다.
무간지옥 가게되는 오역중죄도
어떤때는 제혼자서 짓기도하고
어떤때는 남을시켜 짓게도하고,
어떤때는 남과함께 지었습니다.
삼악도에 가게되는 십악중죄도
어떤때는 제혼자서 짓기도하고
어떤때는 남을시켜 짓게도하고,
어떤때는 남과함께 지었습니다.
이와같이 지은죄가 하도많아서
어떤것은 까마득히 잊어버렸고

어떤것은 지금에도 생각납니다.
지옥아귀 축생세계[43]태어나거나
가난하게 장애아로 태어날중죄
대자대비 대희대사 부처님전에
온마음과 온몸으로 참회합니다.

99 이자리에 함께계신 부처님이여!
모든일을 빠짐없이 모두아시고
대자대비 베푸시는 부처님이여!
금생이나 전생에서 지은공덕을
최고바른 깨달음에 회향합니다.[44]
보시하고 계를지켜 지은공덕과

---

43) 축생(畜生) : 동물 중에서 인간을 제외한 모든 동물을 말합니다.
44) 회향(廻向) : 자기가 닦은 선근공덕을 다른 중생이나 깨달음에 돌리는 것을 말합니다. 회향에는 중생회향, 보리회향, 실제회향 등이 있습니다.

깨끗한행 닦고닦아 지은공덕과
중생들을 성취시켜 지은공덕과
최고바른 지혜수행 지은공덕들
이와같이 제가지은 모든공덕을
최고바른 깨달음에 회향합니다.
과거현재 미래세의 부처님처럼
제가지은 모든공덕 회향합니다.
저의모든 죄업들을 참회합니다.
복을짓는 모든행동 따라합니다.
부처님을 청해지은 공덕으로써
최고바른 깨달음을 이루렵니다.
시방세계 한량없는 중생들에게

한량없이 깊고넓은 공덕바다인
과거현재 미래세의 부처님들을
온마음과 온몸으로 예경합니다.
100 시방세계 곳곳마다 두루계시는
과거현재 미래세의 부처님들께
지극정성 몸과말과 마음을다해
빠짐없이 예배하고 공경합니다.
보현행원[45]깊이믿고 닦은힘으로
일체모든 부처님앞 몸나타내고
낱낱몸은 찰진수몸 또나타내어
부처님께 예배하고 공경합니다.
101 무진법계 찰미진수[46]티끌속마다

---

45) 보현행원(普賢行願) : 보현보살의 열 가지 행원을 말합니다.

많고많은 보살들께 싸여계시는
극미진수[47] 부처님들 공덕장엄을
깊이믿고 찬양하고 찬탄합니다.
음악여신 미묘하신 온갖말로써
말들마다 온갖음성 모두내어서
부처님의 깊고깊은 공덕장엄을
일체겁이[48] 다하도록 찬양합니다.

102 아름답기 그지없는 꽃다발들과
좋은음악 좋은향과 좋은양산들
가장좋고 가장귀한 장엄구로써

---

46) 무진법계(無盡法界) : 끝없이 넓고 큰 법계를 말합니다. 찰미진수(刹微塵數) : 세상을 티끌로 만들었을 때 생기는 티끌들의 수를 말합니다.
47) 극미진수(極微塵數) : 세상을 작은 티끌들로 만들었을 때 생기는 티끌들의 수를 미진수라고 하고, 미진수의 제곱을 극미진수라고 합니다.
48) 일체겁(一切劫) : 무한이 긴 세월 전체를 말합니다.

한분한분 부처님께 공양합니다.
좋은의복 바르는향 뿌리는향과
태우는향 우유기름 향유등불을
하나하나 수미산의 높이로모아
한분한분 부처님께 공양합니다.
보현보살 높은행원 닦은힘으로
과거현재 미래세의 부처님들을
깊이믿고 이해하는 마음가지며
빠짐없이 두루두루 공양합니다.

103 한량없이 긴긴세월 내려오면서
탐욕분노 어리석음 삼독때문에[49]

---

[49] 삼독(三毒) : 탐(貪; 탐애, 탐욕)·진(瞋; 진에, 분노)·치(癡; 치암, 무지)를 말합니다.

몸과말과 마음으로 지었던죄업
제가지금 빠짐없이 참회합니다.
104 시방삼세 모든중생 공덕행동과[50]
성문연각 유학무학[51]공덕행동과
보살님과 부처님의 공덕행동을
모두기쁜 마음으로 따라합니다.
105 시방세계 비추시는 크고큰등불
가장먼저 큰깨달음 이루신님께
높고높은 미묘법문[52]설하시기를
모든정성 다하여서 간청합니다.

---

50) 공덕행동(功德行動) : 공덕을 쌓는 행동, 즉 선행을 말합니다.
51) 유학(有學) : 도의 경지가 매우 높기는 하지만, '나는 학문을 이루었다는 생각그물'
  에 걸려 있는 성현을 말합니다.
  무학(無學) : 학문을 이루었다는 생각그물에 걸리지 않는 사람을 말합니다.
52) 미묘법문(微妙法門) : 매우 거룩한 법문이라는 의미입니다.

106 예배공경 찬양찬탄 공양한복덕
오래계심 법문하심 청했던공덕
따라하고 참회하며 지은선근을53)
중생들과 깨달음에 모두주고서
이세상을 뜨시려는 부처님등께
영원토록 이세상에 함께계시며
중생에게 이로움과 즐거움주길
모든정성 다하여서 간청합니다.
107 넓디넓고 높디높은 이많은공덕
최고바른 깨달음에 회향합니다.
원리에도54)현상에도 막히지않고

---

53) 선근(善根) : 좋은 과보를 받을 원인이 된다는 의미에서의 착한 행동을 말합니다.
54) 원리(原理) : 세상이 돌아가는 진리 그 자체를 말합니다.

진제에도 속제에도 걸리지않는
삼보님과 삼매인의[55]공덕바다에
제가지금 빠짐없이 회향합니다.
108 중생들이 몸과말과 마음으로써
부처님법 의심하고 비방하여도
지은업장[56]빠짐없이 소멸하소서
생각생각 큰지혜가 법계에퍼져
모든중생 빠짐없이 건져지소서
허공계와 중생계가[57]끝이없어도
허공계와 중생계가 다할때까지

---

55) 삼매(三昧) : 독서삼매 등 완전히 정신통일이 된 상태를 말합니다.
56) 업장(業障) : 업으로 인하여 생기는 장애를 말합니다. 일반적으로 악업으로 인한 장애를 말합니다.
57) 허공계(虛空界) : 보이는 법계 외의 보이지 않는 허공의 세계를 말합니다. 없다는 의미가 아니라 각 중생들의 감각으로는 '없는 것으로 감지되어지는 세계'를 말합니다.
　　중생계(衆生界) : 중생들의 세계, 즉 육도를 달합니다.

중생업과 중생번뇌 끝이없어도
중생업과 중생번뇌 다할때까지
저의회향 끊임없이 계속되리라.

나무 대행보현보살 마하살(세번)

8. 【천수경】

입으로 지은 업을 씻어내는 진언

수리수리 마하수리 수수리 사바하[58]
(세번)

---
[58] 깨끗이 깨끗하게 참으로 깨끗하게 완전히 깨끗하게 씻기를 바랍니다.

주위의 신들을 안위하는 진언

나무 사만다 못다남 옴 도로도로 지미 사바하[59](세번)

경전 독송 전의 계송

높디높고　깊디깊은　부처님말씀
백천만겁　지나가도　듣기힘든데
제가지금　보고들어　지니었으니
부처님의　진실한뜻　이루렵니다.

---

59) 일체 모든 부처님과 성중들이여! 이 자리에 임하시어 주시옵소서.

경전 독송 전의 진언

옴 아라남 아라다[60] (세번)

천 개의 손과 천 개의 눈으로 중생들을 제도하시는 관세음 보살님의 광대원만하고, 걸림없는 대비심의 다라니를[61] 염송하여 올립니다.

대비심의 관음보살[62] 넓고깊은 원력들과 아름다운 상호들에[63] 머리숙여 절합니다.

---

60) 오! 바른 진리 깊이깊이 깨닫기를 바랍니다.
61) 다라니 : 경전의 인도말입니다.
62) 관음보살(觀音菩薩) : 관세음보살의 다른 이름입니다.
63) 상호(相好) : 보통사람에 비해 부처님만이 가지고 계시는 특징을 말합니다.

천개팔로 고통중생 빠짐없이 거두시고
천개눈의 광명으로 온누리를 밝힙니다.

진실하신 말씀으로 깊은뜻을 전하시고
걸림없는 무위심에[64] 대비심을 보입니다.

여러소원 빠짐없이 온전하게 이뤄주고
모든죄업 남김없이 없애도록 해줍니다.

천룡팔부[65] 성중들도 자비롭게 보살피고
백천가지 온갖삼매 이루도록 해줍니다.

이다라니 받아지닌 이내몸은 광명깃발
이다라니 받아지닌 이내마음 신통창고
세상티끌 씻어내고 고통바다 어서건너
깨달음의 방편문을[66] 이루도록 해줍니다.

---

64) 무위심(無爲心) : 걸림 없는 착한 마음을 뜻합니다.
65) 천룡팔부(天龍八部) : 부처님의 법을 수호하는 신장들, 즉 하느님, 용, 야차, 아수라, 가루라, 건달바, 긴나라, 마후라가를 말합니다.

제가지금 관음보살 일심으로 염송하여
마음따라 뜻하는일 이뤄지길 바랍니다.

나무대비관세음![67)
모든법을[68) 어서빨리 깨닫기를 바랍니다.
나무대비관세음!
지혜눈이 어서빨리 뜨이기를 바랍니다.
나무대비관세음!
모든중생 어서빨리 제도하길 바랍니다.
나무대비관세음!
좋은방편 어서빨리 가지기를 바랍니다.

66) 방편문(方便門) : 수단이나 방법을 말합니다.
67) 나무대비관세음 : 대비심을 가지고 계시는 관세음보살님께 귀의한다는 뜻입니다.
68) 법(法) : 부처님의 가르침을 말하는 경우가 대부분입니다. 그러나 개인이 생각하는 '나름대로의 진리'도 법이라고 합니다.

나무대비관세음!

반야배에[69] 어서빨리 오르기를 바랍니다.

나무대비관세음!

고통바다 어서빨리 건너기를 바랍니다.

나무대비관세음!

계정의길[70] 어서빨리 걸어가길 바랍니다.

나무대비관세음!

열반산에 어서빨리 오르기를 바랍니다.

나무대비관세음!

무위집에 어서빨리 모이기를 바랍니다.

나무대비관세음!

법성신과 어서빨리 하나되길 바랍니다.

---

69) 반야(般若)배 : 반야지혜를 '고통바다를 건너는 배'에 비유한 것입니다.
70) 계정(戒定) : 지계와 선정을 한꺼번에 말하는 줄임말입니다.

칼산으로 제가가면
　　　칼산절로 무너지게 하옵소서.
불구덩에 제가가면
　　　불구덩이 절로식게 하옵소서.
지옥으로 제가가면
　　　지옥절로 없어지게 하옵소서.
아귀세계 제가가면
　　　아귀절로 배부르게 하옵소서.
아수라계[71] 제가가면
　　　수라악심 절로풀게 하옵소서.
축생세계 제가가면
　　　축생절로 지혜롭게 하옵소서.

---

71) 아수라(阿修羅) : 장난을 좋아하는 신이었으나 후에 싸움을 좋아하는 귀신으로 인식되게 되었습니다.

나무관세음보살마하살, 나무대세지보살마하살, 나무천수보살마하살, 나무여의륜보살마하살, 나무대륜보살마하살, 나무관자재보살마하살[72], 나무정취보살마하살, 나무만월보살마하살, 나무수월보살마하살, 나무군다리보살마하살, 나무십일면보살마하살[73], 일체모든 보살님길 일심으로 가렵니다.

가장크신 스승이신 아미타─ 부처님길[74] 일심으로 가렵니다(세번)

---

72) 관자재보살(觀自在菩薩) : 관세음보살의 다른 이름입니다.
73) 천수경 11보살 : 여기에 언급된 열한 분의 보살님에 대한 간단한 설명이 용어해설에 있습니다.
74) 아미타 부처님 : 무량광불(無量光佛), 무량수불(無量壽佛), 아미타불(阿彌陀佛)은

신묘장구대다라니

나모라 다나다라 야야 나막알야 바로기제 새바라야 모지사다바야 마하 사다바야 마하가로 니가야 옴 살바 바예수 다라나 가라야 다사명 나막 가리다바 이맘알야 바로기제 새바라 다바 니라간타 나막 하리나야 마발다 이사미 살발타 사다남 수반 아예염 살바 보다남 바바말아 미수다감 다냐타 옴 아로계 아로가 마지로가 지가란제 혜혜하례 마하

같은 분입니다.

모지 사다바 사마라 사마라 하리나
야 구로구로 갈마 사다야 사다야
도로도로 미연제 마하미연제 다라
다라 다린나례 새바라 자라자라 마
라 미마라 아마라 몰제 예혜혜 로
계 새바라 라아 미사미 나사야 나
베 사미사미 나사야 모하자라 미사
미 나사야 호로호로 마라호로 하례
바나마 나바 사라사라 시리시리 소
로소로 못쟈못쟈 모다야 모다야 매
다리야 니라간타 가마사 날사남 바
라 하리나야 마낙 사바하 싯다야

사바하 마하싯다야 사바하 싯다유예 새바라야 사바하 니라간타야 사바하 바라하 목카싱하 목카야 사바하 바나마 하따야 사바하 자가라 욕다야 사바하 상카섭나녜 모다나야 사바하 마하라 구타다라야 사바하 바마사간타 니사 시체다 가릿나 이나야 사바하 먀가라 잘마 이바사나야 사바하.

나모라 다나다라 야야 나막알야 바로기제 새바라야 사바하(세번)

【사방을 찬탄하는 노래】

첫째동방 물뿌려서 온도량을
　　　　　청결하게 하였습니다.
둘째남방 물뿌려서 시원하고
　　　　　신선하게 하였습니다.
셋째서방 물뿌려서 아미타불
　　　　　극락정토 갖췄습니다.[75]
넷째북방 물뿌려서 길이길이
　　　　　안강하게 하였습니다.

---

75) 극락정토(極樂淨土) : 일반적으로 아미타 부처님이 계시는 극락세계를 정토라 합니다.

【도량을 찬탄하는 노래】

모든도량　깨끗하게　청소하고서
삼보님과　천룡들을　함께모시고
거룩하고　높은법문　염송합니다.
자비로써　저희들을　보살피소서.

【참회하는 게송】

한량없이　긴긴세월　내려오면서,
탐욕분노　어리석음　삼독때문에[76)]
몸과말과　마음으로　지었던죄업,

---
76) 삼독(三毒) : 중생의 선한 마음을 해치는 가장 근본적인 번뇌를 독에 비유한 것입니다.

제가지금 빠짐없이 참회합니다.

【업장을 소멸시켜 주는 열두 분의 부처님들】77)

일심으로 모든죄업 참회하오니
저의업장 소멸시켜 주시옵소서.
나무보승장불, 나무보광왕화염조불, 나무일체향화자재력왕불, 나무백억강가사결정불, 나무진위덕불, 나무금강견강소복괴산불, 나무보광월전묘음존왕불, 나무환희장마니보

---
77) 참회 12불 : 열두 분의 부처님에 대한 간단한 설명이 용어해설에 있습니다.

적불, 나무무진향승왕불, 나무사자월불, 나무환희장엄주왕불, 나무제보당마니승광불.

【열 가지 중죄를 참회합니다】

살생하여 지은중죄 지금바로
지극-한 마음으로 참회합니다.
도둑질해 지은중죄 지금바로
지극-한 마음으로 참회합니다.
사음하여 지은중죄 지금바로
지극-한 마음으로 참회합니다.

거짓말해 지은중죄 지금바로
지극—한 마음으로 참회합니다.

발린말해 지은중죄 지금바로
지극—한 마음으로 참회합니다.

이간질해 지은중죄 지금바로
지극—한 마음으로 참회합니다.

욕설하여 지은중죄 지금바로
지극—한 마음으로 참회합니다.

탐욕부려 지은중죄 지금바로
지극—한 마음으로 참회합니다.

화를내어 지은중죄 지금바로
지극—한 마음으로 참회합니다.

어리석어　지은중죄　지금바로
지극-한　마음으로　참회합니다.

백겁쌓은 많은죄도 한순간에 사라진다.
마른풀이 불타듯이 흔적없이 사라진다.

죄의실체 본래없고 마음따라 일어나니,
마음씀이 청정하면 죄도따라 사라진다.

마음따라 모든죄업 흔적없이 사라져서
무념처에[78] 도달하면 참회했다 말하리라.

---
78) 무념처(無念處) : 어떤 생각그물에도 걸리지 않는 상태를 말합니다.

참회 진언

옴 살바 못자 모지 사다야 사바하[79]
(세번)

【준제관음을 찬탄하는 게송】

여의주를 가진이가 최고지위 차지하듯
준제공덕[80] 염송하는 인간이나 하느님은
세상어떤 어려움도 침범하지 못하오며
영원토록 부처님의 무량복을 누립니다.

나무 칠구지불모 대준제보살[81] (세번)

---

79) 발원 수준에서는 '오! 보살의 일체지를 이루겠습니다'는 의미이고, 기원 수준에서는 '보살님이시여! 모든 지혜를 이루도록 하옵소서'라는 의미입니다.
80) 준제공덕(准提功德) : 준제관음보살님의 공덕을 말합니다.
81) 칠천만의 부처님을 길러주신 어머니인 준제관음 보살님길 일심으로 가렵니다.

세상을 깨끗이 하는 진언

옴 남[82] (세번)

호신 진언

옴 치림[83] (세번)

관세음보살 본심미묘 육자대명왕 진언

옴 마니 반메 훔[84] (세번)

---

82) 오! 깨끗하게 되어지소서!
83) '오! 저의 고통 없애주는 부처님의 자비심은 바다같이 깊습니다!'로도 번역할 수 있고, '오! 길상이 (바다같이) 넘치게 하옵소서'라고 번역할 수도 있습니다.
84) '오! 연꽃의 보배이신 관세음 보살님이시여! 윤회업을 없애주소서!'라고도 할 수 있고, '연꽃의 여의주시여! 청정케 하옵소서!'라고도 할 수 있습니다.

준제 진언

나무 사다남 삼먁삼못다 구치남 다냐타[85)]

옴 자례주례 준제 사바하 부림[86)](세번)

제가지금 대준제를[87)] 염송하여 올립니다.
보리원을 이루려는 큰발원을 하옵니다.
선정지혜[88)] 온전하게 밝히기를 바랍니다.
모든공덕 두루두루 이루기를 바랍니다.
높은복덕 시방세계 장엄하길 바랍니다.
모든중생 부처님길 이루기를 바랍니다.

---

85) 칠천만의 부처님께 귀의합니다.
86) 오! 준제관음 보살님이시여! 윤회업을 없애고 또 없애주소서!
87) 대준제(大准提) : '준제관음보살' 혹은 '준제관음보살의 서원'을 높이는 말입니다.
88) 선정(禪定) : 참선을 하여 마음이 완전히 안정된 상태를 말합니다.

부처님께 올리는 열가지 큰발원

악도에서 영원토록 벗어나길 바랍니다.
탐진치를 빠짐없이 베어내길 바랍니다.
불법승을 한결같이 모시기를 바랍니다.
계정혜를[89] 부지런히 닦고닦길 바랍니다.
부처님의 가르침을 따르기를 바랍니다.
보리심을[90] 변함없이 지니기를 바랍니다.
극락세계 틀림없이 왕생하길 바랍니다.
아미타불 어서빨리 만나뵙길 바랍니다.
나의분신 온세상에 나투기를 바랍니다.
한량없이 많은중생 제도하길 바랍니다.

---

89) 계정혜(戒定慧) : 지계와 선정과 지혜를 한꺼번에 말하는 용어입니다. 삼학(三學) 참고.
90) 보리심(菩提心) : 최고의 바른 깨달음을 이루려는 마음을 말합니다.

【네 가지 큰 발원】

중생이 아무리
　　　끝없어도 다 건지오리다.
번뇌가 아무리
　　　끈질겨도 다 끊으오리다.
법문이 아무리
　　　많더라도 다 배우오리다.
불도가 아무리
　　　높더라도 다 이루오리다.
자성에[91] 내재한
　　　중생들을 다 건지오리다.

---

91) 자성(自性) : 자신의 본성을 말합니다.

자성에 내재한
　　　번뇌들을 다 끊으오리다.
자성에 내재한
　　　법문들을 다 배우오리다.
자성에 내재한
　　　불도들을 다 이루오리다.

【삼귀의】

시방의 모든 부처님을 항상
지극한 마음으로 따르겠습니다.
시방의 모든 가르침을 항상

지극한 마음으로 따르겠습니다.
시방의 모든 제자들을 항상
지극한 마음으로 따르겠습니다.

9. 【소의경전 등 경전 독송】

10. 【청법가】

덕 높으신 스승님 사자좌에 오르사, 사자후를 합소서, 감로법을 주소서. 옛 인연을 이어서 새 인연을 맺도록 대자비를 베푸사, 법을 설

하옵소서,

덕 높으신 법사님 대법좌에 오르사, 법을 설하옵소서, 맘을 씻어주소서. 모두 발심하여 같이 성불하도록 대원력을 펴시사, 길을 인도하소서.

11. 【입정】

12. 【설법】

13. 【정근】

【석가모니 부처님 정근】

영산회상[92]밝은날에   법화설하고
사라나무   깊은밤에   유교설하신
석가모니   부처님을   염송합니다.

석가모니불!-----석가모니불!

천상천하   존귀하신   우리부처님
시방세계   누구보다   귀하십니다.
구석구석   빠짐없이   다찾아봐도

---

92) 영산회상(靈山會上) : 영취산에서 열린 법회를 영산회상이라고 합니다.

부처님이 가장높고 귀하십니다.

석가모니 부처님길
일심으로 가렵니다

【약사 부처님 정근】

동쪽하늘 떠오르는 보름달처럼
열두가지 큰발원을 모두이루신
약사여래93)유리광불 염송합니다.

약사여래불! -----약사여래불!

---

93) 약사여래(藥師如來) : 일체중생의 병을 치료하고 무명의 고질까지도 치료하려는 12대원을 세우고 수행했던 부처님이며 정유리국의 교주입니다.

약사여래   중생고통   빠뜨리잖고
열두가지   대원으로   구제합니다.
범부들의[94] 번뇌뿌리   너무깊어서
약사여래   못만나면   못고칩니다.

약사여래   부처님길
일심으로   가렵니다

【아미타 부처님 정근】

서방정토   극락세계   건설하시어
고통세계   윤회하는   모든중생을

---
94) 범부(凡夫) : 지혜가 얕고 우둔한 중생을 말합니다.

빠짐없이 인도하는 미타부처님
온마음과 온몸으로 염송합니다.

나무아미타불!95) - - -

- - - 나무아미타불!

아미타- 부처님의 본심미묘 진언
다냐타 옴 아리다라 사바하(세번)

고통들은 어디에도 전혀없으며
모든기쁨 빠짐없이 갖추어있는

---

95) 나무아미타불! : "나무아미타불!" "나무아미타 부처님!" "아미타불!" "아미타 부처님!" 중 어느 방식으로 염송해도 좋으나 일반적으로 "나무아미타불!"로 염송합니다.

극락세계　왕생하길　기원합니다.
자비로써　저희들을　받아주소서.

아미타-　부처님길
일심으로　가렵니다

【관세음 보살님 정근】

모든곳에　빠짐없이　항상계시며
바다보다　깊고넓은　원력으로써
대자대비　모든고난　없애주시는
관음보살　일심으로　염송합니다.

관세음보살![96]---

---관세음보살!

업장을 소멸하는 진언

옴 아르늑계 사바하 (세번)

신통력을 빠짐없이 모두갖추고
지혜방편 두루닦은 관세음보살
시방세계 모든국토 빠트리잖고
자비로운 모습으로 나투옵니다.

---

[96] 관세음 보살! : "나무 관세음 보살님!", "관세음 보살님!" "나무 관세음 보살!" "관세음 보살!" 중 어느 방식으로 염송해도 좋으나 일반적으로 "관세음 보살!"로 염송합니다.

관음보살 님의길을
일심으로 가렵니다

【지장 보살님 정근】

지옥중생 빠짐없이 제도하시려
크고큰원 세우시고 실천하시는
지장보살 일심으로 염송합니다.

지장보살!------ 지장보살!

정해진 죄업까지 소멸하는 진언
옴 바라 마니 다니 사바하(세번)

지장보살 예경하고 염송을하면
강가강의 모래만큼 많은겁동안
끊임없이 말을해도 못할정도로
엄청나게 많은복을 짓게됩니다.

지장보살 님의길을
일심으로 가렵니다

【화엄 성중님 정근】

금강회상 거룩하신 화엄법회에
참석하신 성중들을 염송합니다.

화엄성중!------화엄성중!

화엄성중 밝은지혜 두루갖추고
온세상의 모든일을 두루아시며
모든중생 한량없이 사랑합니다.

화엄성중 님의길을
일심으로 가렵니다

14. 【발원문 : 이산혜연선사 발원문】 97)

시방삼세 부처님과 팔만사천 큰법보와[98]

---
97) 대표적인 발원문만을 염송할 수도 있고 그때그때 지어서 염송할 수도 있습니다.
98) 법보(法寶) : 부처님의 법을 높여서 부르는 말입니다.

보살성문 스님들께 지성귀의 하옵나니
자비하신 원력으로 굽어살펴 주옵소서.
저희들이
참된성품 등지옵고 무명속에 뛰어들어
나고죽는 물결따라 형상소리 물이들고
심술궂고 욕심내어 온갖번뇌 쌓았으며
보고듣고 맛봄으로 한량없는 죄를지어
잘못된길 갈팡질팡 생사고해 헤매면서
나와남을 집착하고 그른길만 찾아다녀
여러생에 지은업장 크고작은 많은허물
삼보님의 원력빌어 일심참회 하옵나니
부처님이 이끄시고 보살님들 살피시어

고통바다 헤어나서 열반언덕 가사이다
이세상의 명과복은 길이길이 창성하고
오는세상 불법지혜 무럭무럭 자라나서
날적마다 좋은국토 밝은스승 만나오며
바른신심 굳게세워 아이로서 출가하여
귀와눈이 총명하고 말과뜻이 진실하며
세상일에 물안들고 청정범행 닦고닦아
서리같이 엄한계율 털끝인들 범하리까
점-잖은 거동으로 모든생명 사랑하여
이내목숨 버리어도 지성으로 보호하리
삼재팔난[99] 만나잖고 불법인연 구족하며
반야지혜[100] 드러내고 보살마음 굳게지켜

---

99) 삼재팔난(三災八難) : 세 가지의 재앙과 여덟 가지 어려운 상황을 말합니다.

제불정법[101] 잘배워서 대승진리 깨달은뒤
육바라밀 행을닦아 아승기겁 뛰어넘고
곳곳마다 설법으로 천겹만겹 의심끊고
마군중을 항복받고 불법승을 잇사올제[102]
시방제불 섬기는일 잠깐인들 쉬오리까
온갖법문 다배워서 모두통달 하옵거든
복과지혜 함께늘어 무량중생 제도하며
여섯가지 신통얻고 무생법인[103] 이룬뒤에
관음보살 대비로써 시방법계 다니면서
보현보살 행원으로 많은중생 건지올제

---

100) 반야(般若) : 속세의 지혜와 구분되는 참으로 바른 지혜를 말합니다.
101) 제불정법(諸佛正法) : 모든 부처님들의 바른 법을 말합니다.
102) 일부 유통본에는 뵙사올제로 되어 있습니다. 마군중(魔軍衆)은 악마 군중의 준말입니다.
103) 무생법인(無生法忍) : 불생 불멸의 진여법성을 인지하고, 벗어나지 아니하는 것을 말합니다.

여러갈래 몸을나눠 미묘법문 연설하고
지옥아귀 나쁜곳엔 광명놓고 신통보여
내모양을 보는이나 내이름을 듣는이는
보리마음 모두내어 윤회고를 벗어나되
화탕지옥 끓는물은 감로수로 변해지고
검수도산[104] 날센칼날 연꽃으로 변화하여
고통받던 저중생들 극락세계 왕생하며
나는새와 기는짐승 원수맺고 빚진이들
갖은고통 벗어나서 좋은복락 누려지다
모진질병 돌적에는 약이되어 치료하고
흉년드는 세상에는 쌀이되어 구제하되

---

104) 검수도산(劍樹刀山) : 칼로 된 나무와 칼이 솟아 있는 산을 말합니다. 용어해설을 참고하십시오.

여러중생 이익한일 한가진들 빼오리까
천겁만겁 내려오던 원수거나 친한이나
이세상의 권속들도 누구누구 할것없이
얽히었던 애증끊고 삼계고해$^{105)}$벗어나서
시방세계 중생들이 모두성불 하사이다
허공끝이 있아온들 이내소원 다하리까!
유정들도 무정들도$^{106)}$ 일체종지를$^{107)}$
이루어지이다!

---

105) 삼계고해(三界苦海) : 삼계는 벗어나야 할 고통바다라는 말입니다.
106) 유정(有情)은 감정을 가진 존재, 즉 모든 중생을 말하고 무정(無情)은 생명이 없는 존재를 말합니다.
107) 일체종지(一切種智) : 핵심적 가르침 전체를 말합니다.

15. 【불교 아리랑 등 찬불가】 108)

【아리랑(서울 본조)】

아리랑 아리랑 아라리요!
아리랑 고개를 넘어간다.
나를 버리고 가시는 님은
십리도 못 가서 발병 난다.

아리랑 아리랑 아라리요!
아리랑 고개를 넘어간다.
청천하늘엔 잔별도 많고

---
108) 삼보불교음악협회의 "찬불가" 중에서 선택하여 부르는 것이 원칙입니다.

우리네 가슴속엔 수심도 많다.

아리랑 아리랑 아라리요!
아리랑 고개를 넘어간다.

【행복 아리랑(조현춘 작사)】

행--복, 행--복, 행복의 나라여!
행복의 나라를 찾아간다.
지탄을 하--는 그 만큼
남도 불행, 나도 불행, 모두 불행.

행--복, 행--복, 행복의 나라여!
행복의 나라를 찾아간다.
남의 심정 - 그리고 - 나의 심정,
감사염송[109] 덧붙이면 금상첨화!!!

행--복, 행--복, 행복의 나라여
행복의 나라를 찾아간다.

【불교 아리랑(조현춘 작사)】

가--자, 가--자, 넘어가자.

---

109) 감사염송(感謝念誦) : '고맙습니다. 고맙습니다.'를 반복 염송하거나, '고맙습니다. 고맙습니다. 부처님의 크신 은혜 고맙습니다.'를 반복 염송하는 것을 말합니다.

다--함--께 넘어가자.
자기중심적 생각에 걸려있는 사람은
육도[110] 윤회 고통을 못 벗어난다.

가--자, 가--자, 넘어가자.
다--함--께 넘어가자.
살아계신 부처님들을 잘 모시면서,
힘들어도 육바라밀 닦고 또 닦자!

가--자, 가--자, 넘어가자.
다--함--께 넘어가자.

---

110) 육도(六道) : 하늘 세상, 인간 세상, 아수라 세상, 축생 세상, 아귀 세상, 지옥 세상을 말합니다.

【밝음 아리랑(조현춘 역)】

밝--음, 밝--음, 밝음의 나라여!
밝음의 나라를 찾아간다.
자신을 귀하지 않게 여기는 사람은
얼마 안 가 온갖 병 다 난다.

밝--음, 밝--음, 밝음의 나라여!
밝음의 나라를 찾아간다.
생명의 불꽃이 아름답구나.
세상살이 근심걱정 아무리 많아도

밝--음, 밝--음, 밝음의 나라여!
밝음의 나라를 찾아간다.

16. 【사홍서원】

중생을   다   건지오리다
번뇌를   다   끊으오리다
법문을   다   배우오리다
불도를   다   이루오리다

17. 【신중단 예경】

지극한 마음으로 따르겠습니다.

- 진법계[111] 허공계에서 화엄회상에 오신 욕계[112] 색계[113]의 모든 하느님들을 항상 지극한 마음으로 따르겠습니다.

- 진법계 허공계에서 화엄회상에 오신 팔부신중과[114] 네분 하느님 왕을 항상 지극한 마음으로 따르

---

111) 진법계(盡法界) : 끝없이 넓고 큰 법계를 말합니다.
112) 욕계(欲界) : 음욕, 식욕 등에 끌려 다니는 세계를 말합니다.
113) 색계(色界) : 욕계는 벗어났으나 아직 무색계에는 들지 못한 세계를 말합니다.
114) 팔부신중(八部神衆) : '하느님·용·야차·건달바·아수라·가루라·긴나라·마후라가/인비인'을 통칭하는 말입니다.

겠습니다.
- 진법계 허공계에서 화엄회상에 오신 '법을 지키는 착한 신중님들'을 항상 지극한 마음으로 따르겠습니다.
- 간절히 바라옵나이다. 천룡팔부 신중들이여! 가까이서 저를 옹호하여 주시옵소서. 어려운 곳에 가더라도 어려움이 닥치지 않도록 하여 주시옵소서. 간절히 간절히 바라옵나이다.

【한글세대를 위한 독송용 반야심경】

반야바라밀을[115] 깊이 행하여, 오온이[116] 모두 공함을[117] 보고, 모든 고통에서 벗어나신 관세음 보살님께서 말씀하셨습니다.[118]

사리불 장로님! 대상은[119] 공함과 다르지 않고,[120] 공함은 대상과 다

---

115) 반야(般若)바라밀 : 반야는 '법의 참다운 이치에 부합하는 최상의 지혜'를 말하고, 바라밀은 완성을 말합니다.
116) 오온(五蘊) : 대상(객관적 대상)-느낌-생각-행동-인식의 다섯을 말합니다.
117) 공(空)함 : 나쁜 행동은 하지 않고 착한 행동을 하되 깨끗한 마음을 갖는 것이 공함입니다.
118) 일부 불자님들은 '반야심경을 부처님께서 직접 말씀하셨다'고 하기도 합니다. 심경설주를 참고하십시오.
119) 대상(對象) : 보고, 듣고, 맡고, 맛보고, 만지고, 생각하는 모든 것을 말하며 범부들이 생각하는 '객관적 대상'을 말합니다.
120) '대상이 있으면 공함이 있고, 대상이 없으면 공함이 없습니다'라는 의미입니다.

르지 않습니다. 대상이 바로 공함이며, 공함이 바로 대상입니다. 느낌·생각·행동·인식도 대상과 마찬가지입니다.

사리불 장로님! 이 모든 법들이 모두 공함을 보아야 합니다. 생겨남에도 걸리지 않고 없어짐에도 걸리지 않아야 하며, 더러워짐에도 걸리지 않고 깨끗해짐에도 걸리지 않아야 하며, 많아짐에도 걸리지 않고 적어짐에도 걸리지 않아야 합니다. 이렇게 하여 공함을 이루게 되면, 어떤 대상에도 걸리지 않게 됩니다. 어떤 느낌·어떤 생각·어떤 행동·어떤 인식에도 걸리지 않게 됩니다. 눈·귀·코·혀·피부·마음에도 걸리지 않게 됩니다. 형상·소리·냄새·맛·촉감·법에도[121] 걸리지 않게 됩니다. 눈의 세계·귀의 세계·코의 세계·혀의 세계·피부의 세계·마음의 세계, 그 어느 세계에도 걸리지 않게 됩니다. 어두움이나 어두움에서 벗어남

---

[121] 법 : 부처님의 법도 되지만, 개인이 생각하는 법도 됩니다.

에도 걸리지 않게 됩니다. 늙고 죽음이나 늙고 죽음에서 벗어남에도 걸리지 않게 됩니다. 고집멸도에도[122] 걸리지 않게 됩니다. 지혜에도 걸리지 않고, 이룸에도 걸리지 않게 됩니다. 이룸에도 걸리지 않게 되었다는 생각조차도 하지 않게 됩니다.[123] 그래서 보살님들께서는 반야바라밀에 의지하여, 모든 속박에서 벗어나셨습니다. 모든 속박에서 벗어나서, 모든 두려움에서

---

122) 고집멸도(苦集滅道) : 사성제라고도 합니다.
123) 현장 역보다는 법성 역이 더 적절할 것 같아서 亦無不得. 是故에서 번역합니다.

벗어나고 모든 망상에서 벗어나서, 구경열반을[124] 이루셨습니다. 과거·현재·미래의 모든 부처님들께서도 반야바라밀에 의지하여, 최고의 바른 깨달음을[125] 이루셨습니다. 따라서 알아야 합니다. 반야바라밀은 참으로 신비한 진언이며, 참으로 밝은 진언이며, 참으로 높은 진언이며, 무엇과도 비교할 수 없는 진언입니다. 참으로 진실하여 모든 고통을 없애주는 진언입니다.

---

124) 구경열반(究竟涅槃) : 고통이 전혀 없는, 완전한 기쁨의 세상을 말합니다.
125) 최고의 바른 깨달음 : 음사는 '아누다라삼막삼보리'입니다. 일부 불자님들께서 '아뇩다라삼막삼보리'라고 음사하기도 합니다.

그래서 반야바라밀의 진언을 말씀드리면, 다음과 같습니다.
'가자가자 넘어가자 다함께 가자. 피안에 가자'[126] (세번)

18. 【공지사항】

19. 【산회가】

몸은 비록 이 자리에서 헤어지지만 마음은 언제라도 변하지 마세. 거

---

[126] 음사는 "가떼가떼 빠라가떼 빠라상가떼 보리스바하"이며, 일부 불자님들께서는 "아제아제 바라아제 바라승아제 모지 사바하"라고 하기도 합니다. 심경진언을 참고하십시오.

룩하신 부처님을 항상 모시고 오늘 배운 높은 법문 깊이 새겨서 다음 날 반가웁게 한마음 한뜻으로 부처님의 성전에 다시 만나세.

용어 해설

불교(佛敎): 나쁜행동 하나라도 하지마시고,　諸惡莫作(제악막작)
　　　　　 착한행동 빠짐없이 모두하시고,　衆善奉行(중선봉행)
　　　　　 깨끗하고 맑은마음 가지십시오.　自淨其意(자정기의)
　　　　　 이세가지 일곱부처 불교입니다.　是諸佛敎(시제불교)
　　　　　　　　　　　　　　　　　　　　　　　(법구경 여래품)

독송용에 꼭 필요한 용어에 대해서 최소한의 해설만을 제시합니다. 자세한 용어 해설은 다른 자료를 참고하시기 바랍니다.

감사염송(感謝念誦): '고맙습니다. 고맙습니다.'를 반복 염송하거나, '고맙습니다. 고맙습니다. 부처님의 크신 은혜 고맙습니다.'를 반복 염송하는 것을 말합니다. 타종교인들과 함께 할 때에는 부처님 대신에 다른 사람을 넣어서 해도 좋습니다.
검수도산(劍樹刀山): 가지, 잎, 꽃, 열매가 모두 칼로 되어 있는 나무가 숲을 이루고 있고 산 전체에 칼이 솟아 있는 산을 말합니다. 10지옥의 하나입니다.
계정(戒定): 지계와 선정을 한꺼번에 말하는 용어입니다. 육바라밀을 참고하십시오.
계정혜(戒定慧): 지계와 선정과 지혜를 한꺼번에 말하는 용어입니다. 삼학을 참고하십시오.
고집멸도(苦集滅道): 사성제를 말합니다. 사성제를 참고하십시오.
공(空)함: 불교의 정의와 관련 있는 용어입니다. "나쁜 행동 하나라도 하지 마시고, 착한 행동 빠짐없이 모두 하시고, 깨끗하고 맑은 마음 가지십시오"가 불교의 정의입니다. 앞의 둘을 전제로 해서 깨끗한 마음을 갖는 것이 공함입니다. 앞의 둘이 없는 깨끗한 마음은 무기(無記)라고 하여 지극히 경계합니다.

공덕(功德) : 세 차원에서 생각할 수 있습니다. '① 착한 행동을 하여 복덕을 쌓음, ② 착한 행동을 하여 쌓은 복덕이 누적되어 있음, ③ 자신의 복덕을 누림'의 뜻으로 사용할 수 있습니다. 그러나 공덕을 쌓았으면서도 공덕을 쌓았다는 생각그물에 걸리지 않아야 참으로 공덕을 쌓았다고 할 수 있습니다. 특히 부처님의 말씀을 받아 지녀 독송하거나 남에게 전해 주었으면서도 '부처님의 말씀을 받아 지녀 독송하고, 남에게 전해주었다는 생각그물에 걸리지 않아야 참으로 전해주었다'고 할 수 있습니다.

공덕장엄(功德莊嚴) : 공덕행동의 결과로 생기는 장엄한 모습을 말합니다. 공덕을 참고하십시오.

공덕행동(功德行動) : 공덕을 쌓는 행동, 즉 선행을 말합니다. 공덕을 참고하십시오.

관세음보살(觀世音菩薩) : 관자재보살, 관음보살이라고도 합니다. 대비심의 상징입니다. 대비심은 중생들의 고통을 나의 고통으로 여기며 같이 아파하고 그 고통을 해결해주려는 마음을 말합니다. '한글세대를 위한 독송용 관음경'을 참고하십시오.

관음보살(觀音菩薩) : 관세음보살의 다른 이름입니다.

관자재보살(觀自在菩薩) : 관세음보살의 다른 이름입니다.

구경열반(究竟涅槃) : 고통이 전혀 없는, 완전한 기쁨의 세상을 말합니다. 사람이 죽는 것을 열반이라고도 하는데, 이는 이 생에서의 고통이 끝났다는 이야기일 뿐입니다.

극락정토(極樂淨土) : 모든 것이 완전히 구비되어있어서 괴로움이 없고 오직 즐거움만 있는 곳이며, 서쪽으로 10만억 나라를 지나면 있으며, 아미타 부처님이 지금도 설법하고 계시는 곳입니다.

극미진수(極微塵數) : 세상을 작은 티끌들로 만들었을 때 생기는 티끌들의 수를 미진수라고 하고, 미진수의 제곱을 극미진수라고 합니다. 수를 참고하십시오.

금강상사(金剛上士) : 다이아몬드 중의 다이아몬드와 같은 분, 즉 부처님을 말합니다.

대상(對象) : 보고, 듣고, 맡고, 맛보고, 만지고, 생각하는 모든 것을 말하며 범부들이 생각하는 '객관적 대상'을 말합니다.
대원력(大願力) : 모든 중생들을 모두 구제하겠다는 매우 고귀한 발원의 힘을 말합니다.
대준제(大准提) : '준제관음보살' 혹은 '준제관음보살의 서원'을 높이는 말입니다.
대희대사(大喜大捨) : 매우 고마워하고 탐진치를 완전히 버리는 것을 말합니다.
도량(道場) : 도를 닦는 장소를 말합니다. 일반적으로 절을 의미합니다.
독수성현(獨修聖賢) : 특별한 스승이 없이 혼자서 수행하여 성현의 경지에 이른 분을 말합니다.
마군중(魔軍衆) : 악마 군중의 준말입니다.
무념처(無念處) : 어떤 생각그물에도 걸리지 않는 상태를 말합니다.
무상보리(無上菩提) : 최고의 바른 깨달음을 말합니다.
무상불도(無上佛道) : 최고의 바른 깨달음을 말합니다.
무생법인(無生法忍) : 불생 불멸의 진여법성을 인지하고, 벗어나지 아니하는 것을 말합니다. 보살이 초지나 7, 8, 9지에서 얻는 깨달음을 말합니다.
무위심(無爲心) : 문자 그대로 해석하면 '걸림 없는 마음'이지만, 걸림 없는 착한 마음을 뜻합니다. 착하지 않는 무위심은 막가파의 악한 마음이라고 해야 할 것입니다.
무정(無情) : 지금 우리 인간들의 판단으로 '생명이 없는 존재'를 말합니다. 여기서 그냥 '생명 없는 존재'라고 하지 않고, '지금 우리 인간의 판단으로 생명이 없는 존재'라고 하는 것에 주의해야 합니다.
무진법계(無盡法界) : 끝없이 넓고 큰 법계를 말합니다. 사사무애법계를 말합니다.
무학(無學) : 속세에서는 무학을 학벌이 전혀 없다는 의미로 사용하지만, 불가에서는 '도라고 하는 학문을 이루었다는 생각그물에 걸리지 않는 사람'이라는 의미로 사용합니다.
미묘법문(微妙法門) : 매우 거룩한 법문이라는 의미입니다.
반야(般若) : 법의 참다운 이치에 부합하는 최상의 지혜를 말합니다. 반야를 얻어야

성불하며 반야를 얻은 이는 부처이므로 반야는 모든 부처의 스승 또는 어머니라고 일컬어집니다. 간단히 말해서 속세의 지혜와 구분되는 참으로 바른 지혜를 말합니다.

반야(般若)배 : 반야지혜를 '고통바다를 건너는 배'에 비유한 것입니다. 반야를 참고하십시오.

발린말 : 진실하지 않고 포장된 말입니다.

방편문(方便門) : 수단이나 방법을 말합니다.

범부(凡夫) : 지혜가 얕고 우둔한 중생을 말합니다. 올바른 이치를 깨닫지 못한 이는 다 범부라고 합니다. 원래는 보통 사람이라는 의미였으나, 보통 사람을 선남선녀 혹은 선남자 선여인이라고 하면서 부정적인 의미로 쓰이게 된 것 같습니다.

법(法) : 부처님의 가르침을 말하는 경우가 대부분입니다. 그러나 개인이 생각하는 '나름대로의 진리'도 법이라고 합니다. 따라서 경전에서의 법은 진리라는 긍정적 의미와 분별심이라는 부정적 의미를 동시에 내포하게 됩니다.

법보(法寶) : 부처님의 법을 높여서 부르는 말입니다. 삼보를 참고하십시오.

보리심(菩提心) : 최고의 바른 깨달음을 이루려는 마음을 말합니다.

보살(菩薩) : 범어 '보리 살으바'의 준말입니다. 보리는 최고의 바른 깨달음을 의미하고, 살으바는 중생, 즉 생명체라는 의미입니다. 둘을 합치면, 최고의 바른 깨달음을 이루려는 마음을 낸 사람을 말합니다.

보살경계(菩薩境界) : 보살의 경지에 이르렀다는 의미입니다.

보현행원(普賢行願) : 보현보살의 열 가지 행원을 말합니다. '한글세대를 위한 독송용 보현행원품'을 참고하십시오.

불회상(佛會上) : 부처님을 모시고 법회를 보는 곳이라는 말입니다.

사생(四生) : 출생 방식에 따라서 모든 생명체를 네 부류로 구분합니다. 즉, 알로 생긴 중생, 태로 생긴 중생, 습기로 생긴 중생, 변화하여 생긴 중생, 즉 모든 중생을 말합니다.

사성제(四聖諦) : 고성제는 '즐거움일 수 없는 고통 그 자체'입니다. 집성제는 '다른 원인을 찾을 수 없는 고통의 원인 그 자체'입니다. 멸성제는 '고통을 없애려면 고통의 원인을 없애야 하며, 고통의 원인이 없어지면 고통이 없어진다는 원리 그 자체'입니다. 도성제는 '다른 길을 생각할 수 없는, 고통을 없애는 참된 길 그 자체'입니다.

사음(邪淫) : 사회적으로 혹은 부처님 법에서 허락하지 않는 모든 음행을 사음이라고 합니다. 오계 혹은 십악중죄 중의 세 번째를 말합니다.

삼계(三界) : 욕계·색계·무색계를 말합니다. 욕계는 음욕, 식욕 등에 끌려 다니는 세계를 말합니다. 색계는 욕계는 벗어났으나 물질적인 세계를 말합니다. 무색계는 물질을 여읜 순정신적인 세계를 말합니다.

삼계고해(三界苦海) : 삼계는 벗어나야 할 고통바다라는 말입니다.

삼독(三毒) : 탐(貪; 탐애, 탐욕)·진(瞋; 진에, 분노)·치(癡; 치암, 무지)를 말합니다. 중생의 선한 마음을 해치는 가장 근본적인 번뇌를 독에 비유한 것입니다.

삼매(三昧) : 독서삼매 등 완전히 정신통일이 된 상태를 말합니다.

삼보(三寶) : 부처님, 부처님의 법, 부처님을 따르는 대중을 통틀어 말합니다. 통상 불법승이라고 합니다. 여기서 승은 스님이라기보다는 부처님의 제자 사부대중을 의미합니다.

삼세(三世) : 과거·현재·미래를 말합니다.

삼재팔난(三災八難) : 삼재는 세 가지의 재앙을 말합니다. 소삼재와 대삼재가 있습니다. 팔난은 두 가지 의미가 있습니다. 하나는 부처님의 가르침을 들을 수 없게 되는 여덟 가지 사건을 말하며, 다른 하나는 수계나 자자 등을 간편하게 할 수밖에 없는 여덟 가지 어려운 상황을 말합니다.

삼학(三學) : 육바라밀 중에서 지계·선정·지혜, 즉 계정혜를 말합니다. 육바라밀을 참고하십시오.

상호(相好) : 상은 몸에 나타나는 여러 가지 특징들을 말합니다. 부처님의 상호라고 하면, 보통사람에 비해 부처님만이 가지고 계시는 특징을 말하며, 부처님께서는 32상과 80종호를 갖추고 있다고 합니다.

색계(色界) : 욕계는 벗어났으나 아직 무색계에는 들지 못한 세계를 말합니다.

선근(善根) : 좋은 과보를 받을 원인이 된다는 의미에서의 착한 행동을 말합니다.

성문 제자(聲聞 弟子) : 부처님께 직접 설법을 들었던 제자를 말하며 간략히 성문이라고도 합니다. 가장 대표적인 성문 제자를 십대제자라고 하며, 다음으로 십대제자와 여섯 제자를 합쳐서 십육성이라고 하며, 500아라한, 1,250명의 제자, 12,500명의 제자 등 여러 표현들이 있습니다. 때로는 대승을 알지 못한다는 부정적 의미로 사용되기도 합니다. 불교를 공부하는 사람을 성문(성문제자), 연각(부처님의 가르침을 받지 않고 혼자 깨달음을 이루었다는 의미에서 독각이라고도 함), 보살(대승 보살이라고도 함)로 구분하기도 합니다.

시방(十方) : ① 동·남·서·북·북동·남동·남서·북서·하방·상방을 말합니다. ② 서양에서는 지구 혹은 우주를 4각형으로 보았기 때문에 반대 개념을 사용하여 동-서, 남-북으로 보았으나, 동양 특히 불교에서는 무한 혹은 원으로 보았기 때문에 사방을 동-남-서-북으로 보았습니다. ③ 오방은 동·남·서·북·중앙을 달합니다. ④ 육방은 동·남·서·북·하방·상방을 말합니다. ⑤ 팔방은 동·남·서·북·북동·남동·남서·북서를 말합니다. 그러나 사방, 오방, 육방, 팔방, 시방은 구분되어 사용되기도 하지만, 모든 방향이라는 동의어로 사용되는 경우가 많습니다.

심경설주(心境說主) : 반야심경의 설주는 소본에는 나타나 있지 않으나 대본에는 관세음보살님으로 분명히 나와 있습니다.

심경진언(心經眞言) : 번역을 하면 "가자가자 넘어가자 다함께 가자 피안에 가자"가 됩니다. 진언은 번역하지 않는 것을 원칙으로 하여왔으니, 진언은 제대로 번역하기가 참으로 어려웠기 때문이었습니다. 심경진언처럼 글자수도 맞추면서 잘 번역할 수 있는 경우에는 번역을 하는 것이 좋을 듯합니다. 음사는 "가떼가떼 빠라가떼 빠라상가떼 보리스바하"이며, 일부 불자님들께서 중국어로 음사한 것을 다시 한국 한자식으로 읽어서 "아제아제 바라아제 바라승아제 모지 사바하"라고 하기도 하였습니다.

아수라(阿修羅) : 원래는 장난을 좋아하는 신으로 등장하였습니다. 장난을 좋아하는 것을 싸우기를 좋아하는 것으로 오해하여 약간 나쁜 귀신으로 생각하게 되었습니다. 그러다가 이후에는 무서운 귀신으로까지 인식되게 되었습니다.

O승기(阿僧祇) : 무한히 큰 수를 나타내는 수의 단위입니다. 수를 참고하십시오.

약사여래(藥師如來) : 일체중생의 병을 치료하고 무명의 고질까지도 치료하려는 12대원을 세우고 수행했던 부처님이며, 정유리국의 교주입니다.

업장(業障) : 업으로 인하여 생기는 장애를 말합니다. 일반적으로 악업으로 인한 장애를 말합니다.

연각(緣覺) : 인연법으로 깨달음을 얻는 것, 또는 그렇게 깨달음을 얻은 사람을 말합니다.

영산회상(靈山會上) : 영취산에서 열린 법회를 영산회상이라고 합니다.

예경(禮敬) : 예배 공경의 준말입니다.

오계(五戒) : 오계는 다섯 가지 금계를 말합니다. 즉 "살생하지 마십시오. 도둑질하지 마십시오. 사음하지 마십시오. 거짓말하지 마십시오. 술을 먹지 마십시오"를 말합니다.

오온(五蘊) : 객관적 대상, 대상에서 일차적으로 일어나는 느낌, 대상에서 일차적으로 일어나는 생각, 대상에서 일차적으로 일어나는 행동 혹은 행동의지, 대상에서 일차적으로 일어나는 인식을 말합니다.

욕계(欲界) : 음욕, 식욕 등의 욕망에 끌려 다니는 세계를 말합니다. 삼계를 참고하십시오.

원리(原理) : 세상이 돌아가는 진리 그 자체를 말합니다.

유정(有情) : 감정을 가진 존재, 즉 모든 중생을 말합니다.

유학(有學) : 도의 경지가 매우 높기는 하지만, '나는 학문을 이루었다는 생각그물'에 걸려 있는 성현을 말합니다.

육도(六道) : 하늘 세상, 인간 세상, 아수라 세상, 축생 세상, 아귀 세상, 지옥 세상 혹은 각 세상에 사는 중생들, 즉 하느님, 인간, 아수라, 축생, 아귀, 지옥 중생을 말합니다.

육도윤회(六道輪廻) : 중생들은 육도를 윤회한다는 말입니다. 육도를 참고하십시오.

육바라밀(六波羅蜜) : 가장 중요한 여섯 가지 선행의 완성을 말합니다. 즉 보시, 지계, 인욕, 정진, 선정, 지혜의 완성을 말합니다. 보시는 베푸는 행동, 지계는 불교 도덕에 부합하는 행동, 인욕은 욕됨을 참는 행동, 정진은 게으름을 피우지 않고 부지런히 하는 행동, 선정은 마음을 고요히 통알하는 행동, 지혜는 나쁜 소견을 버리고 참된 소견을 가지는 행동을 말합니다.

인욕(忍辱) : 일반적으로 당연히 화를 내는 상황에서 화를 내지 않는 것을 말합니다.

일체겁(一切劫) : 무한이 긴 세월 전체를 말합니다.

일체종지(一切種智) : 핵심적 가르침 전체를 말합니다.

자성(自性) : 자신의 본성을 말합니다.

정진(精進) : 열심히 수행한다는 말입니다.

제불정법(諸佛正法) : 모든 부처님들의 바른 겁을 말합니다

준제공덕(准提功德) : 준제관음보살님의 공덕을 말합니다.

중생(衆生) : 육도(하늘, 인간, 아수라, 축생, 아귀, 지옥)를 윤회하는 생명체를 통칭하는 말입니다.

중생계(衆生界) : 중생들의 세계, 즉 육도를 말합니다. 육도를 참고하십시오.

지계(持戒) : 계율을 지키는 것을 말합니다. 금계와 권계로 나누기도 하고 오계, 십계 등으로 나누기도 합니다.

진법계(盡法界) : 끝없이 넓고 큰 법계를 말합니다. 사사무애법계를 말합니다. 무진법계(無盡法界)와 같은 말입니다.

찰미진수(刹微塵數) : 세상을 티끌로 만들었을 때 생기는 수를 말합니다. 수를 참고하십시오.

참회 12불 : ① '보승장불' 명호를 한 번 염송하면 일생 동안에 축생을 타고 다닌 죄를 없앨 수 있습니다. ② '보광왕화염조불' 명호를 한 번 염송하면 일생에 손상시킨 죄를 덜 수 있습니다. ③ '일체향화자재력왕불' 명호를 한 번 염송하면 일생 동안 '음행한 죄'를 멸할 수 있습니다. ④ '백억강가사결정불' 명호를 한 번 염송하면 일생 동안 지은 살생의 죄를 멸할 수 있습니다. ⑤ '진위덕불' 명호를 한 번 염송하면 일생에 지은 악구의 죄를 멸할 수 있습니다. ⑥ '금강견강소북괴산불' 명호를 한 번 염송하면 아비지옥에 떨어지지 않습니다. ⑦ '보광월전묘음존왕불' 명호를 한 번 염송하는 것은 대장경 전체를 한 번 독송하는 공덕에 준합니다. ⑧ '환희장마니보적불' 명호를 염송하는 것은 다른 부처님의 명호를 염송하는 것과 같습니다. ⑨ '무

진향승왕불' 명호를 염송하면 무량겁의 죄를 초월하여 숙명지를 얻게 됩니다. ⑩ '사자월불' 명호는 듣기만 하여도 무량겁의 죄를 멸하고, 축생의 몸을 떠날 수 있습니다. ⑪ '환희장엄주왕불' 명호는 듣기만 하여도 오백만억 아승기 생사죄를 멸할 수 있습니다. ⑫ '제보당마니승광불' 명호를 듣고 귀의하면 오백만 억겁 생사의 죄를 초월할 수 있습니다.

천룡팔부(天龍八部) : 부처님의 법을 수호하는 신장들을 말합니다. 즉 하느님, 용, 야차, 아수라, 가루라, 건달바, 긴나라, 마후라가를 말합니다. 이 가운데서 하느님과 용이 으뜸이므로 통상 하늘 천(天)과 용 용(龍)자를 머리에 두어 천룡팔부라고 합니다.

축생(畜生) : 동물 중에서 인간을 제외한 모든 동물을 말합니다.

탐진치(貪瞋痴) : 탐욕, 분노, 어리석음을 말합니다.

팔부신중(八部神衆) : '하느님·용·야차·건달바·아수라·가루라·긴나라·마후라가/인비인'을 통칭하는 말입니다. 팔부중 혹은 팔부중생이라고도 합니다. '인비인'은 팔부신중에 대한 총칭이기도 하고, 긴나라와 동의어로 사용되기도 하고, 사람과 사람 아닌 이에 대한 총칭으로 사용되기도 합니다.

허공계(虛空界) : 보이는 법계 외의 보이지 않는 허공의 세계를 말합니다.

회향(廻向) : 자기가 닦은 선근공덕을 다른 중생이나 깨달음에 돌리는 것을 말합니다.

편역자 발문

행복훈련과 불교

역자는 심리학 교수입니다. 더 분명히 말하면 상담심리전문가, 심리치료자, 정서·행동 장애아 교육학자입니다. 서양 이론들의 한계를 극복하고자 동양의 지혜를 심리상담에 접목시키려 하던 중 '행복훈련'을 개발하였습니다. 행복훈련 참석자들은 거의 전원이 '자신을 위대한 성현으로 존경하고, 가족·이웃을 자신의 몸과 같이 사랑할 수 있는 격한 경련'을 경험합니다. 정상인은 물론이고 우울증·불안·강박증·불면증 등의 신경증 환자와 정신분열증 진단 환자까지도 상당한 호전을 보이며 인생 최고의 행복을 체험합니다. 서양의 어떤 심리상담에서보다도 많은 행복을 주었다고 자부합니다.

행복훈련이 성공을 거두었던 가장 큰 이유는 아마도 동양의 지혜에 대한 관심이었을 것으로 봅니다. '동양의 지혜'라면 누가 뭐라 하여도 불교입니다. 불교라면 누가 뭐라 하여도 금강경입니다. 20대 초반에 시작된 동양 유랑은 50이 되면서 초점을 잡고 금강경을 공부하게 되었습니다. 금강경을 독송하던 중, 필자는 '근원도 알 수 없는, 나 자신의 저 깊고 깊은 곳에서 생명의 빛이 흘러나오는 것'을 발견했습니다. '나와 모든 생명이 함께 하는 빛, 생명의 빛'이 나의 깊은 곳에서 나오고 있었습니다. 나의 웃음 속에 묻어 있던 공허함은 급격히 감소되고 나의 웃음은 더 우렁차게 되었습니다. 여러 신비체험들은 감히 여기 싣지 않겠으나, 날씨와는 무관하게 밖에서 불어오는 법풍(法風, 진리의 바람)은 필자의 몸과 마음을 지금도 가끔씩 시원하게 해 주고 있습니다. 상담심리학자로서의 필자는 '남을 위한 행복훈련'의 작은 집에서 벗어나 '나와 남을 함께 행복나라로 안내하는 진정한 행복훈련자'가 되어 가고 있습니다.

혼자 보기가 너무 안타까워서 선배·동학들과 뜻을 보아 현대어로 번역하고 무비스님의 권유로 출간한 것이 인연이 되어 지금은 행복훈련보다 불교 경전 번역에 더 강력한 추진력을 갖게 되었습니다.

고맙습니다

역자가 부처님 말씀을 번역하여 출간할 수 있게 된 배경에는 너무나 많은 분들의 은혜가 있었습니다. 도저히 존함들을 나열할 수 없을 정도로 많습니다. 다음 분들에게 특히 많은 은혜를 입었습니다.

첫 고마움은 아무래도 용성스님을 비롯 앞서 이 길을 걸었던 많은 불경 번역가들에게 전해야 할 것 같습니다. 중국인들조차 거의 읽지 못하는 고대 중국한어를 번역하느라 참으로 수고하셨습니다. 선배 번역가들의 번역이 없었더라면 번역을 시도조차 하지 못했을 것입니다. 많은 은혜를 입었습니다.

둘째 고마움은 안형관 선배님과 강수균 선배님을 비롯한 화화회(화엄경과 화이트헤드를 연구하는 모임) 회원들에게 드려야 할 것 같습니다. 회의비는커녕 식사비조차도 각자 지참하면서 몇 년에 걸쳐 매주 몇 시간씩 원고를 교정해 주고 가르쳐 주신 두 분 선배님과 강태진, 전영숙, 김정자, 김정옥, 정희교, 박호진, 조현재, 이근배, 왕가년, 송위덕, 최경희, 이희백, 정기언, 최명식, 권현용, 박정숙, 황경열, 최송실, 김남희, 박현조, 김연지, 고원자, 전태옥, 이경순 회원님들을 비롯한 수많은 회원들에게 깊은 감사를 드립니다.

셋째 고마움은 무비스님께 올려야 할 것 같습니다. 천진난만하시며(?), 대자대비에도 걸리지 않으시는 '살아계시는 대 성현의 모습'을 보여 주시고, 자상한 가르침을 베풀어 주셨습니다. 처음 금강경에 대해서 감수를 해 주셨다가, 이제는 공역자의 자리에까지 내려와 주셨습니다. 황송하고 황망할 뿐입니다. 참으로 고맙습니다. 또한 제 건강상의 문제로 영어금강경을 포기할 즈음에 용기와 희망을 주신 중앙승가대학교의 미산스님께 말로는 도저히 표현할 수 없을 큰 은혜를 입었습니다. 그 외에도 참으로 많은 스님들의 질타와 격려를 받았습니다. 안성 도피안사의 송암스님, 경산 경북불교대학의 돈관스님, 운문승가대학의 일진스님, 마지막으로 인간의 향기로 감화를 주신 혜국스님께 감사를 올립니다.

출간을 허락해 준 출판사에도 깊은 감사를 드립니다. 또한 책 내용의 출판권은 당연히 출판사에 있으나, 각 사찰의 신행 수첩이나 다른 출판사의 불교 성전 혹은 인터넷에서도 활용할 수 있습니다. 그렇지만, 역자의 서면 동의를 받은 후에 사용해 주시면 고맙겠습니다. 신행 수첩 등에 활용할 수 있도록 협조해 주신 출판사에 진심으로 감사드립니다.

더불어, '한글특별법회'나 '불교의식'이 발간되기 전이라도 문병의식·문상의식·돌의식·생일의식·회갑의식·칠순의식·수련회 등에서 사용할 수 있는 약본 한글법요집을 준비하고 있습니다. 고대 중국 한어 법회에서 벗어나 한글다운 한글로 된 법요집으로 법회를 하고자 하시는 사찰이나 신행단체 혹은 신도님들의 많은 관심과 격려를 부탁드립니다.

모두 모두 부처님 되십시오. 대심 조현춘(011-809-5202) 합장.

무비(無比) 스님
- 범어사에서 如幻 스님을 은사로 출가 · 해인사 강원 졸업
- 통도사와 범어사 강주(역임) · 조계종 종립 승가대학원 원장(역임)
- 조계종 교육원장(역임) · 범어사 승가대학장(현)
- http://cafe.daum.net.yumhwasil
- 역 · 저서 : 임제록강설, 사람이 부처님이다, 금강경 이야기, 금강경오가해, 보현행원품 강의, 화엄경 강의, 법화경(상, 하), 한글 화엄경(12권), 무비스님과 함께 하는 불교공부, 지장경 강의 등.

대심(大心) 조현춘
- 경북대학교 심리학과 교수(현) · 법륜불자교수회 회장(현)
- 행복훈련원 지도교수(현) · 화엄경과 화이트헤드연구회 회장(현)
- 한국동서정신과학회 회장(역임)
- 홈: www-2.knu.ac.kr/~happiness 한국동서정신과학회 행복교실
- 저 · 역서 : 심리상담과 치료의 이론과 실제, 성격심리학, 아동이상심리학, 실험심리학, 집단심리상담의 이론과 실제, 일상 심리학의 이해 등.

무비 스님과 조현춘 교수의 공동 역서
한글세대를 위한 독송용 금강경, 한글세대를 위한 독송용 보현행원품,
한글세대를 위한 독송용 아미타경, 한글세대를 위한 독송용 관음경,
한글세대를 위한 독송용 지장경, 한글세대를 위한 독송용 불유교경,
한글세대를 위한 독송용 예불문(천수경), 한글세대를 위한 독송용 백팔참회문,
한글세대를 위한 독송용 매일법회, 한글세대를 위한 독송용 일반법회 등

한글세대를 위한 독송용 일반법회

초판 1쇄 인쇄/2005년 10월 3일 / 초판 1쇄 발행/2005년 10월 10일

공역/무비 · 조현춘
펴낸이/김시열
펴낸곳/도서출판 운주사

등록 제2-754호
주소/서울특별시 성북구 동소문동 6가 25-1
Tel/02)926-8361, Fax/02)926-8362

값 5,500원

잘못된 책은 바꾸어 드립니다.